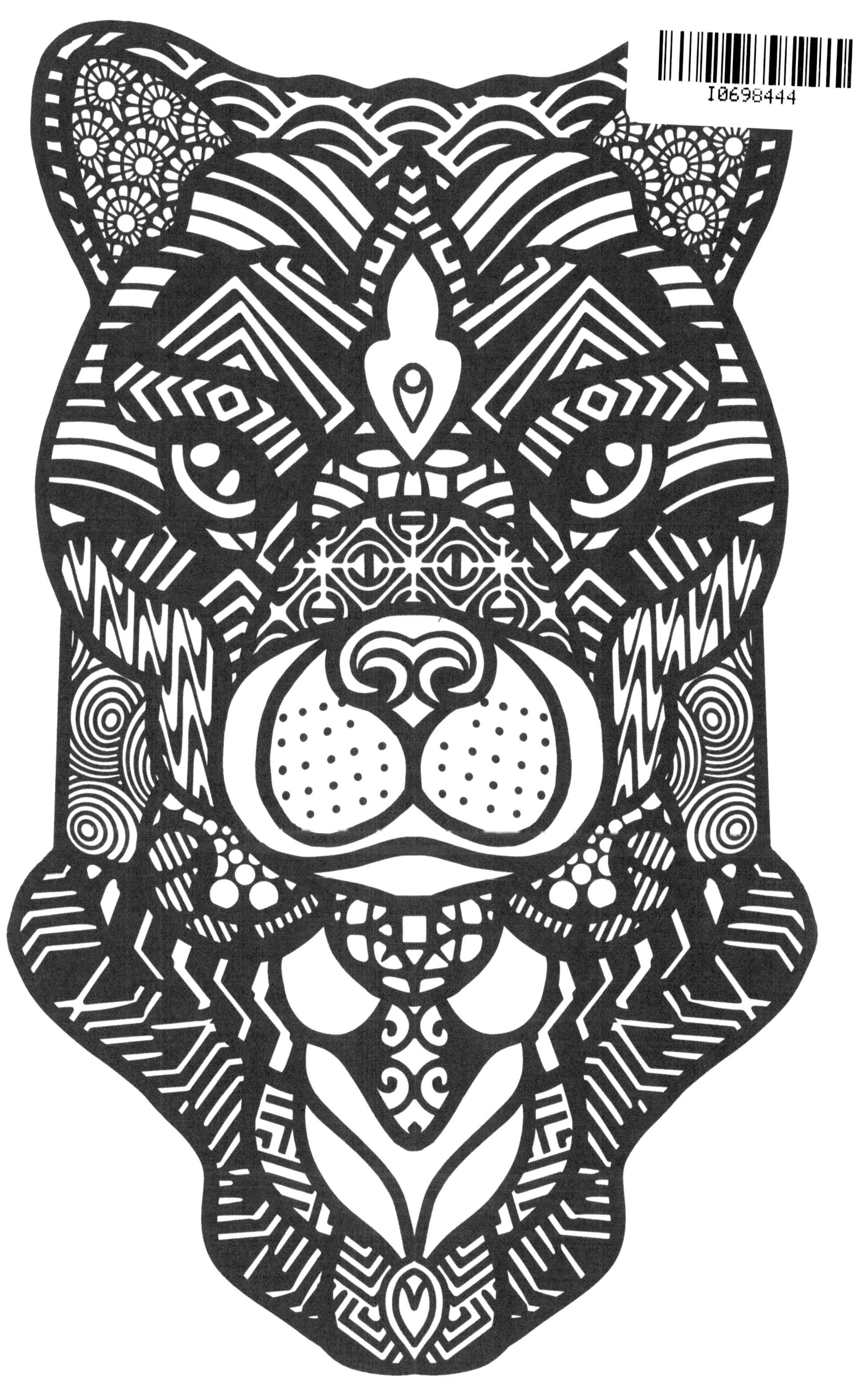
I0698444

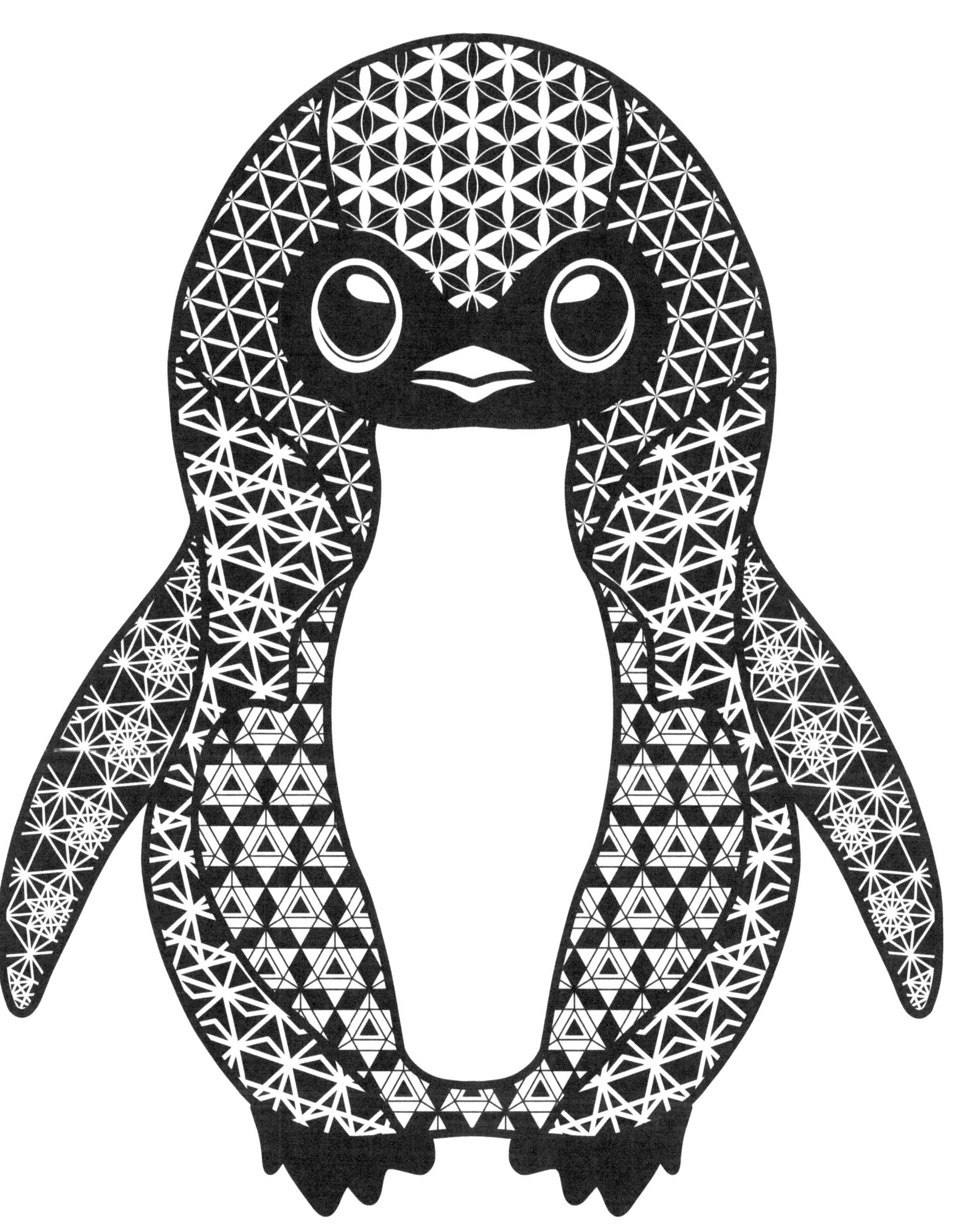

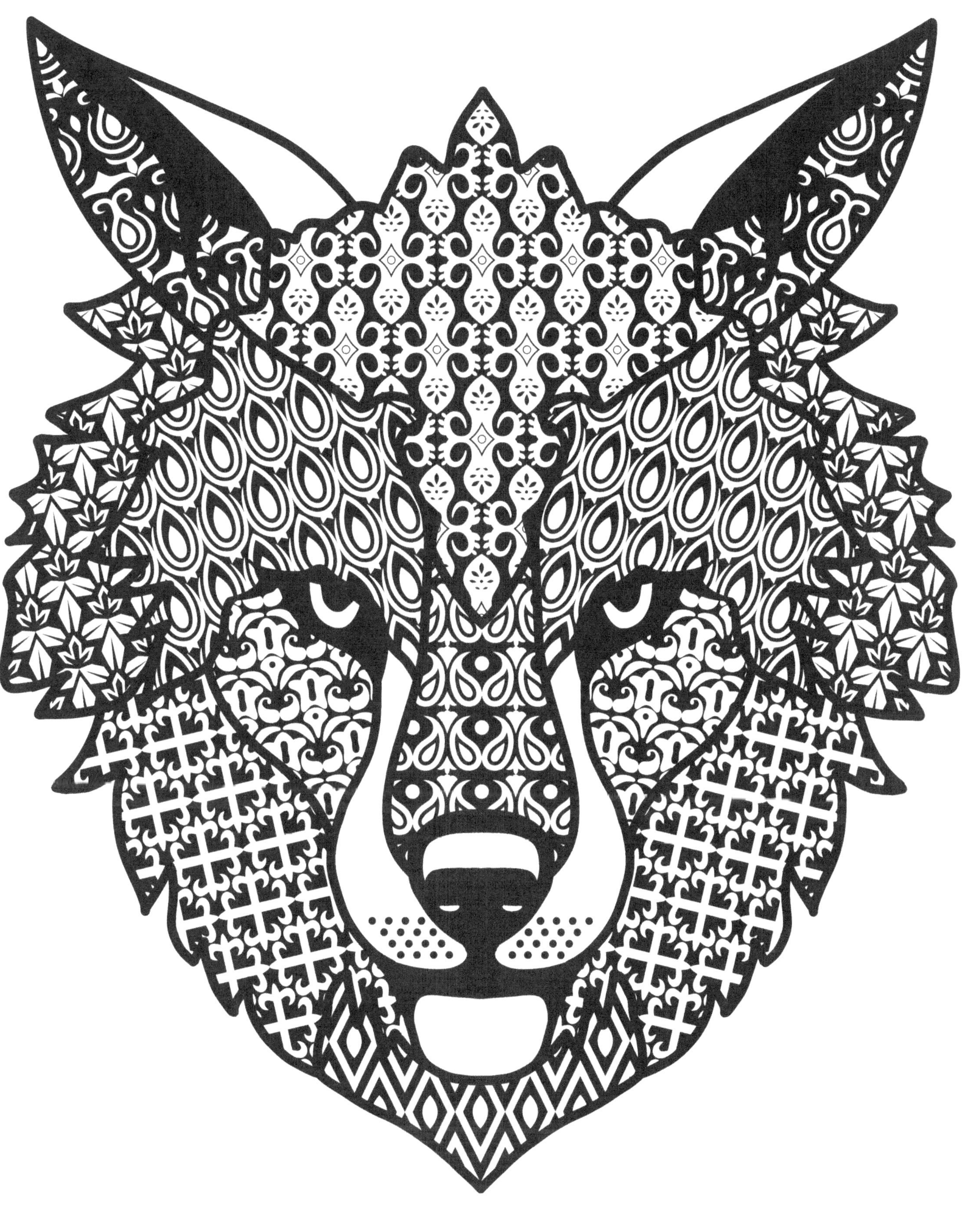

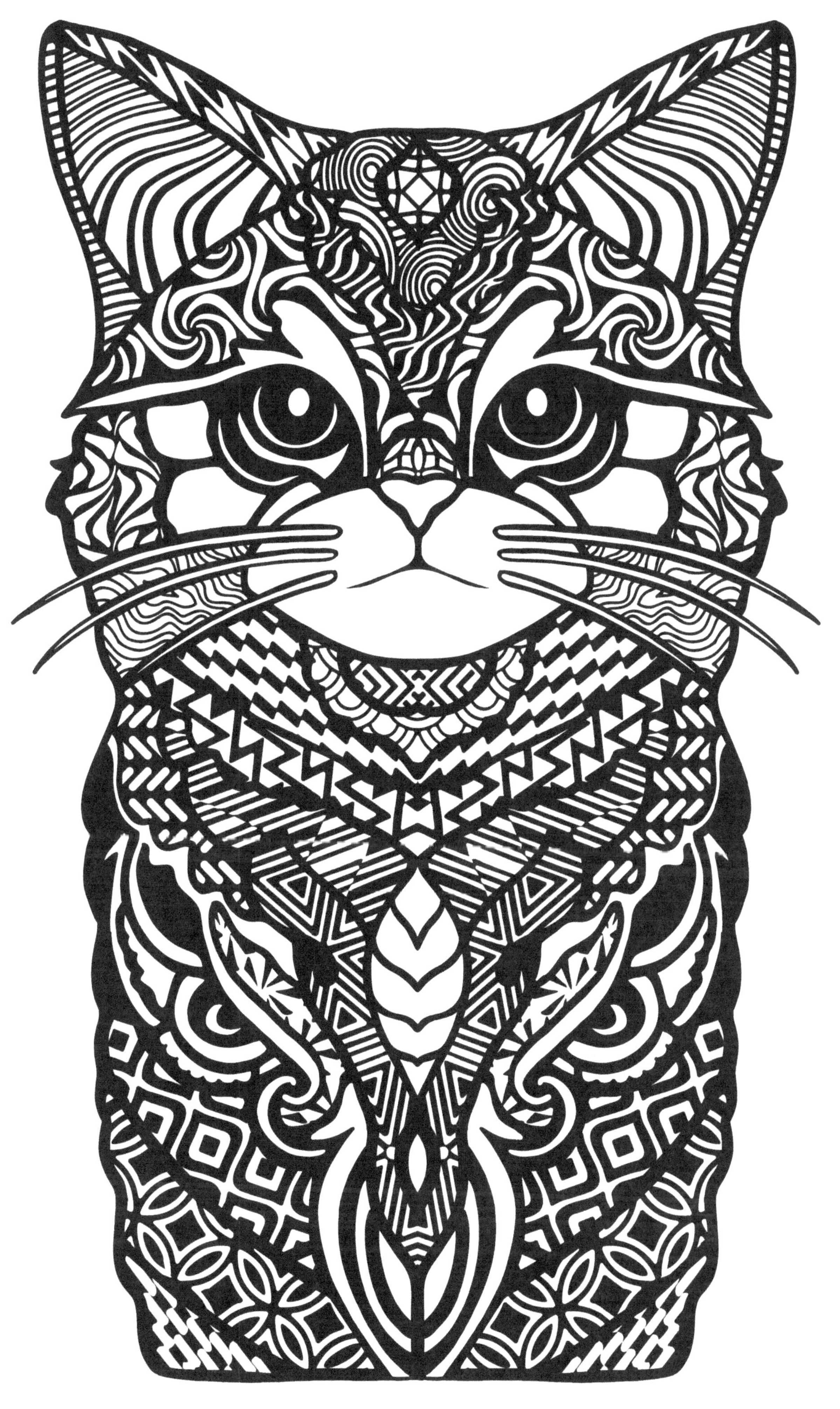

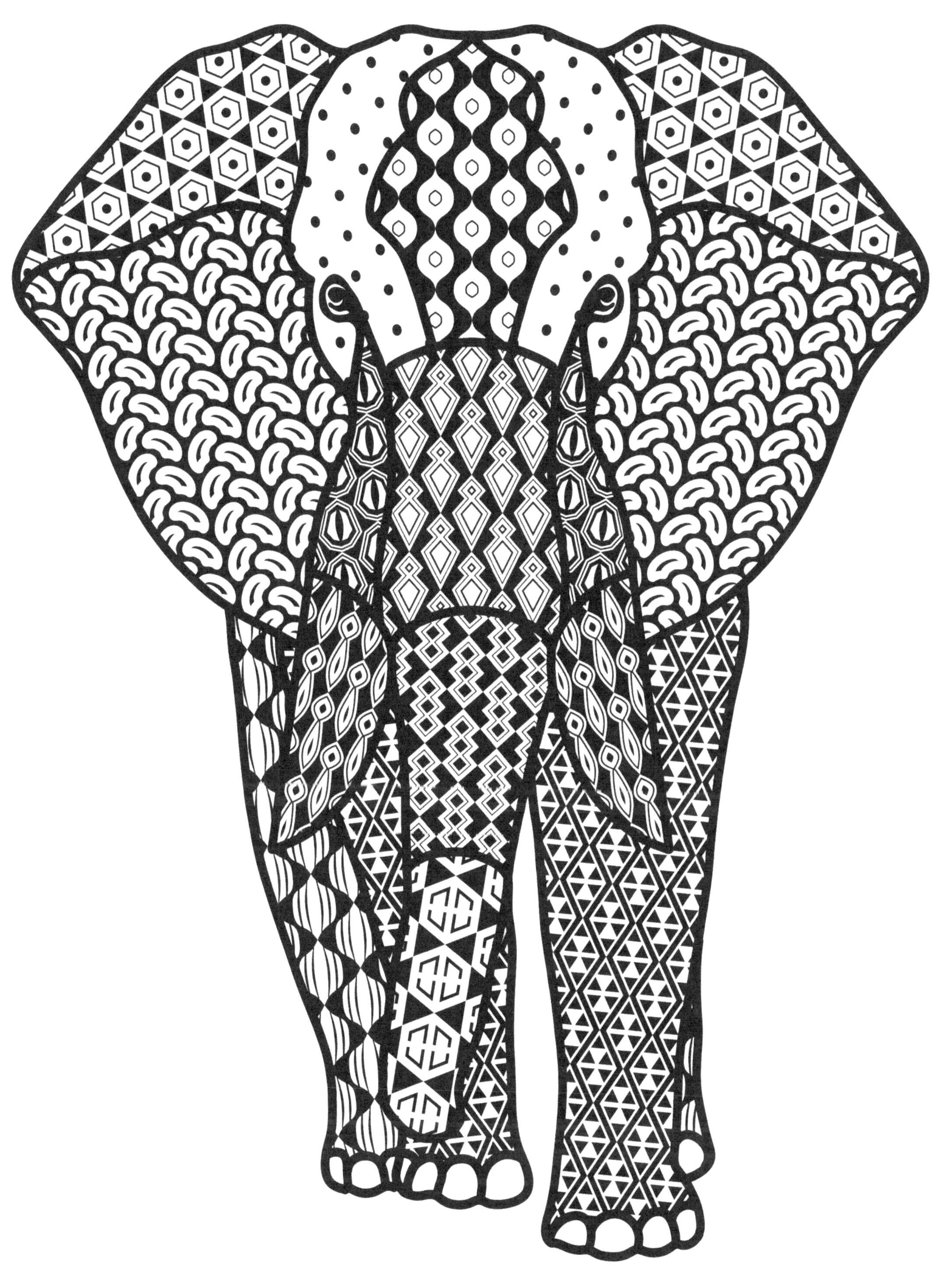

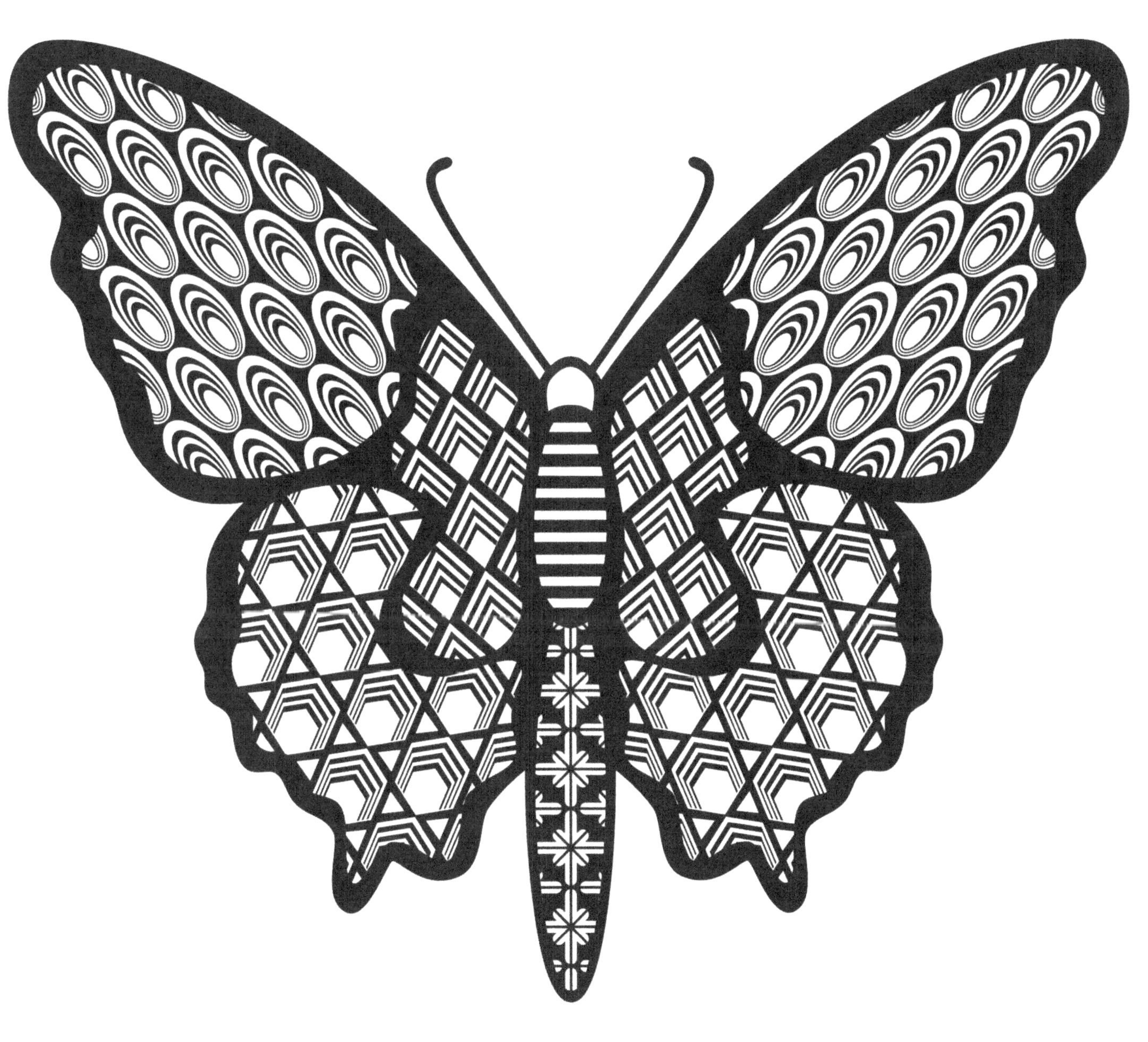

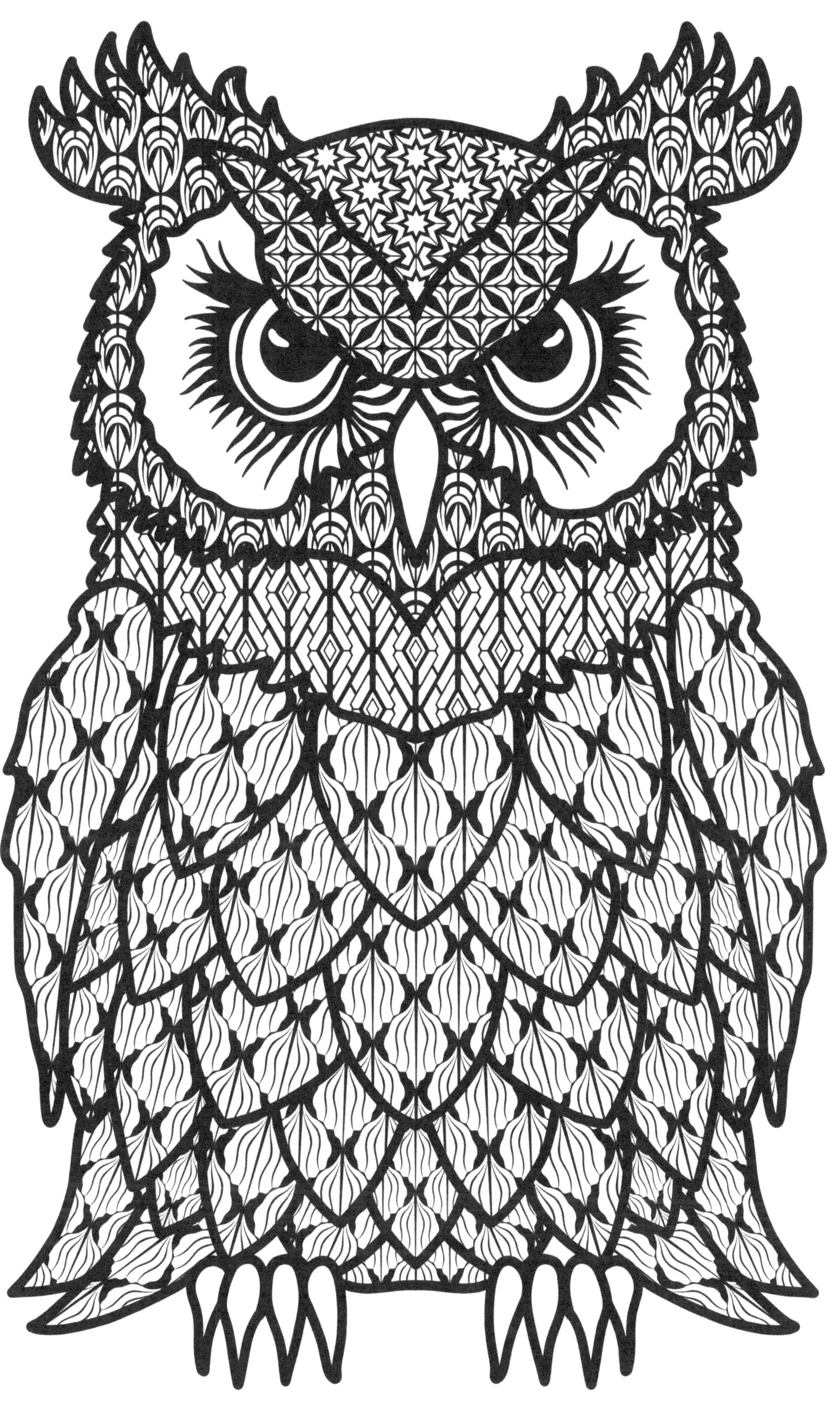

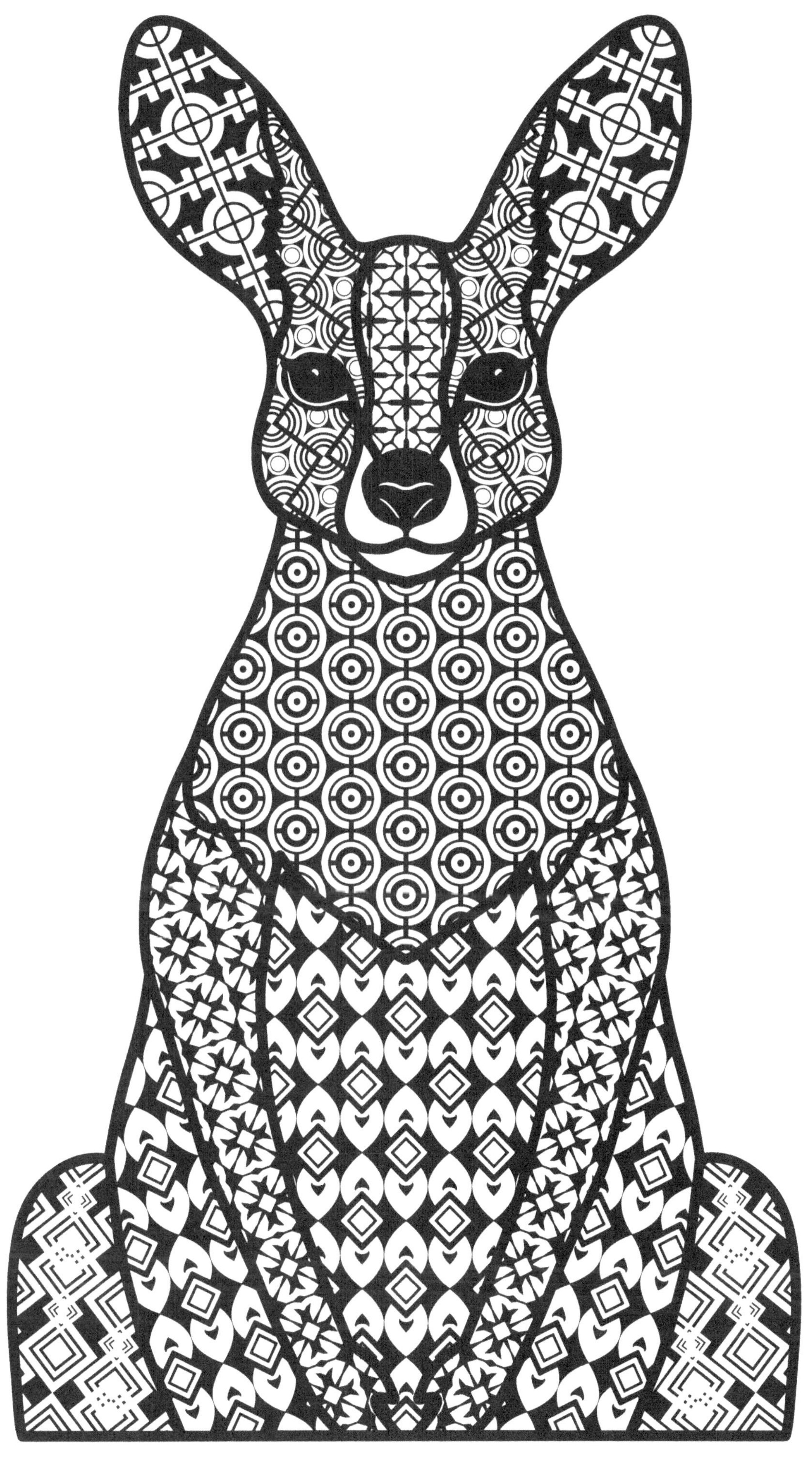

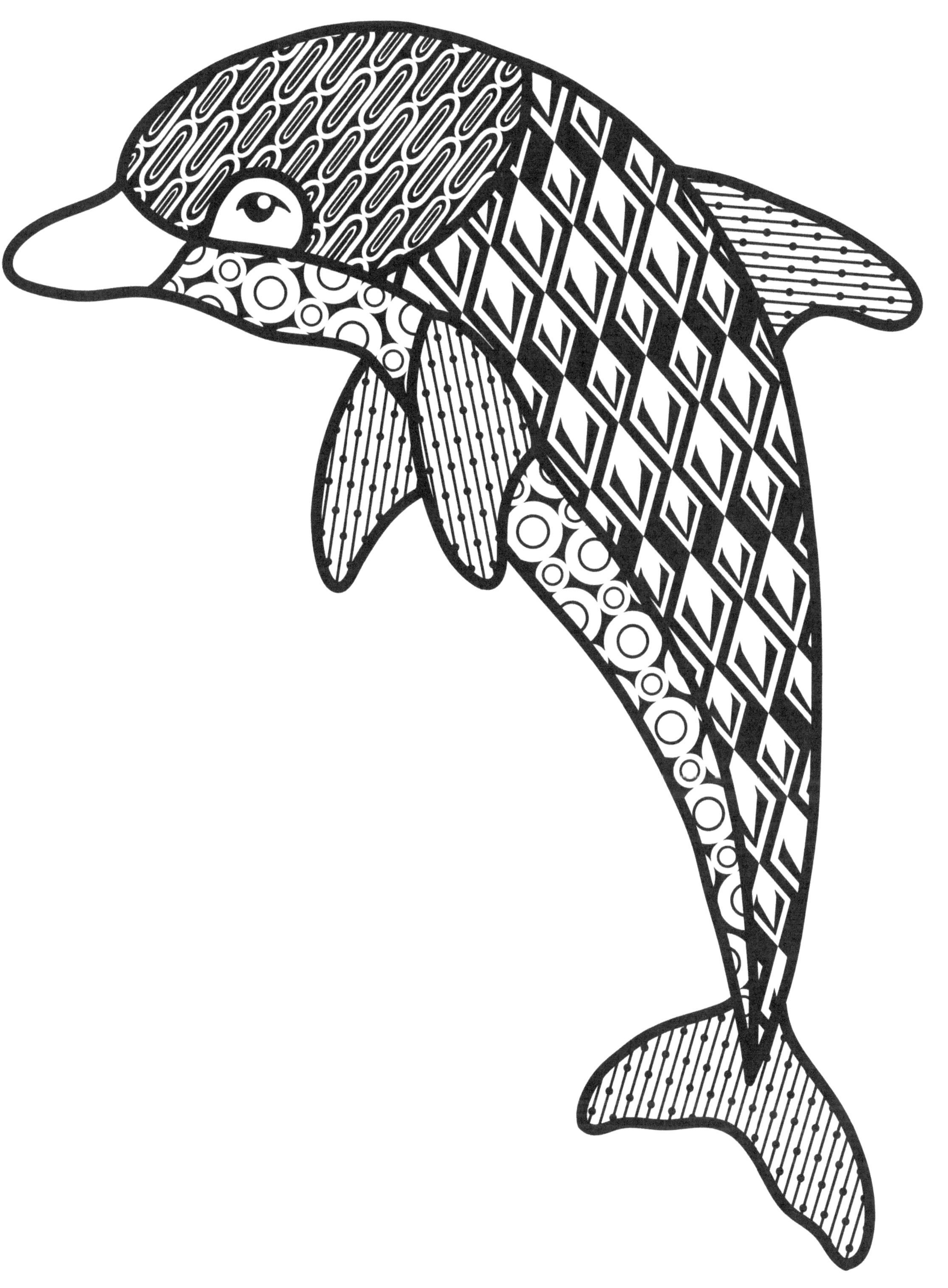

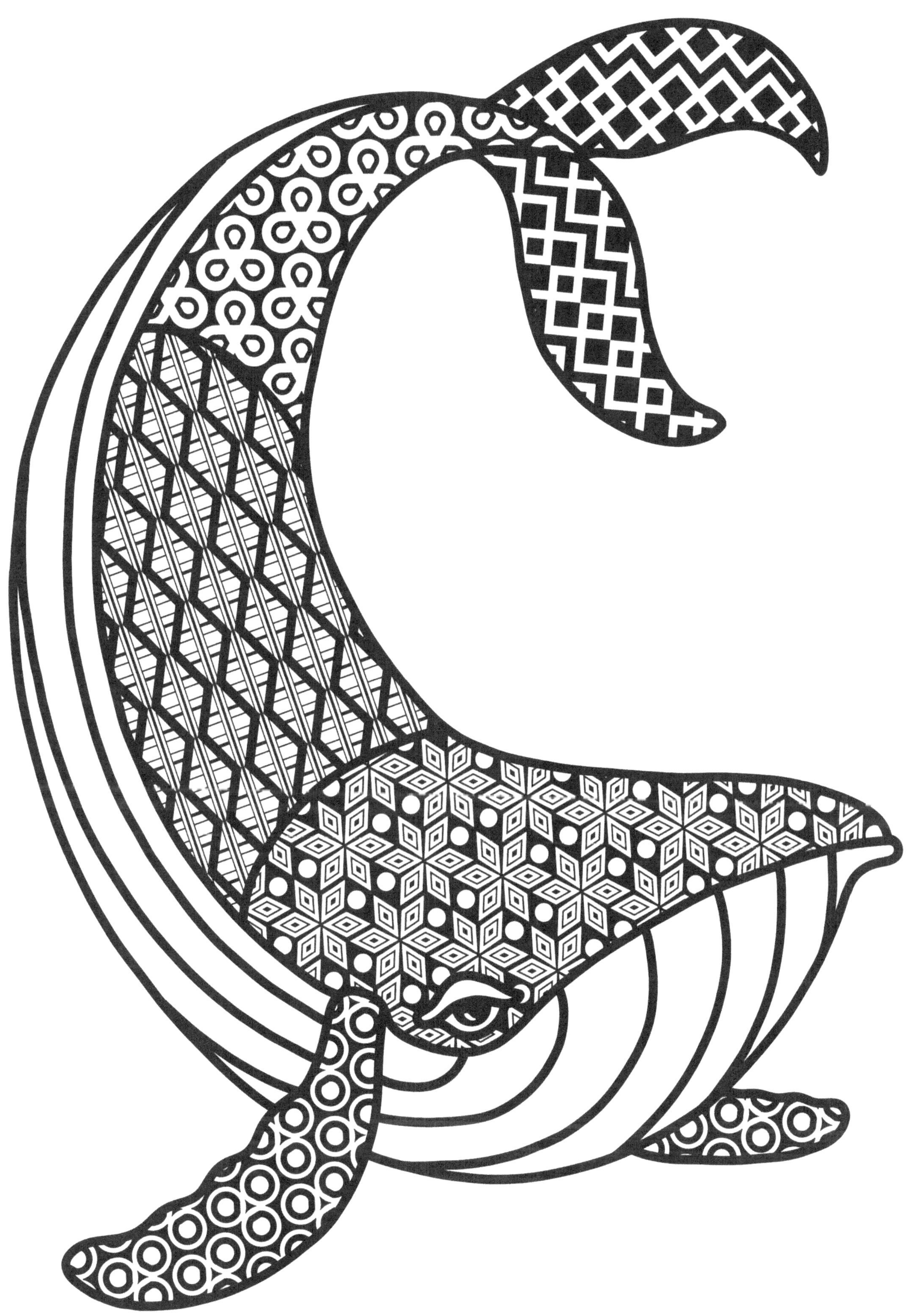

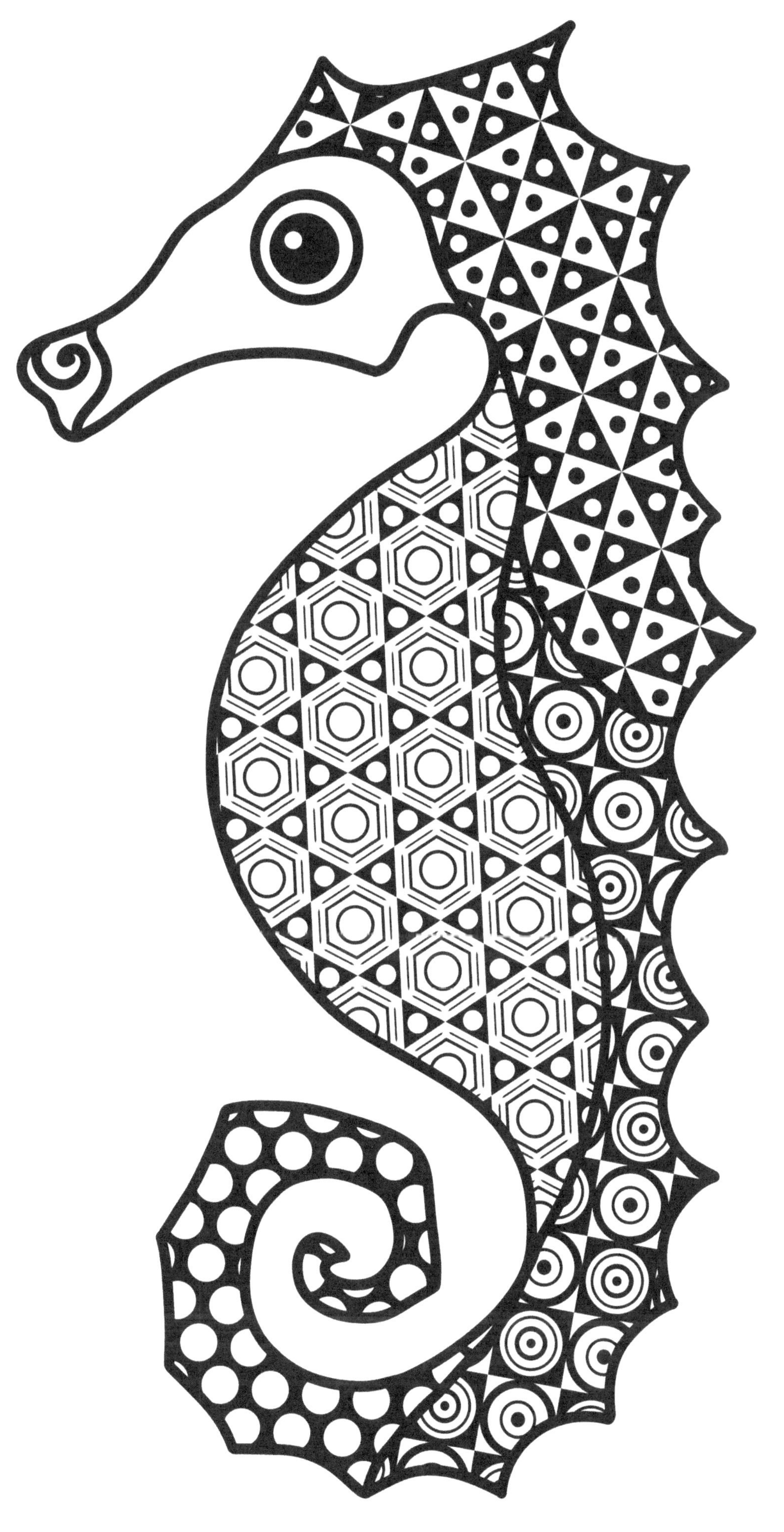

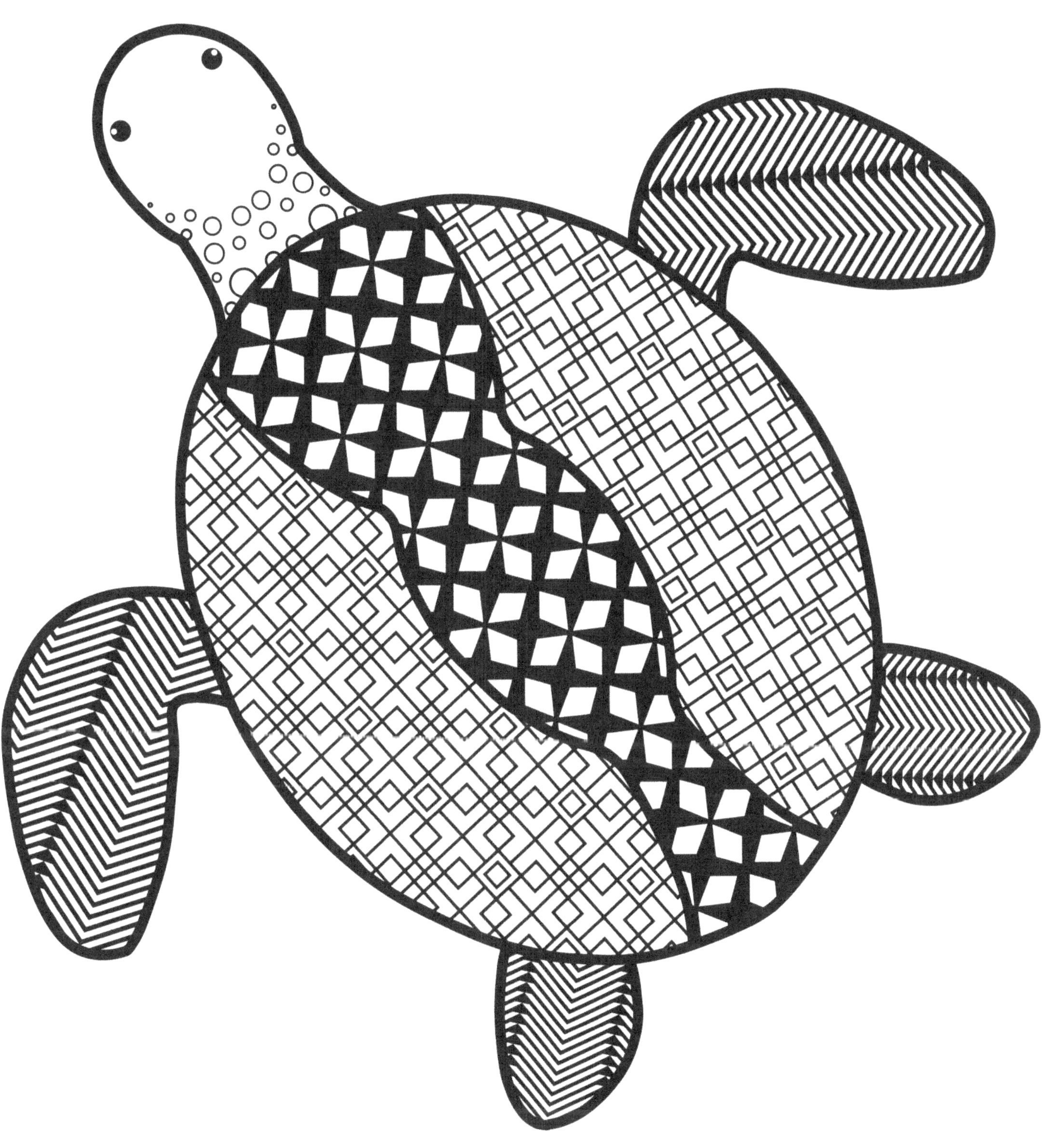

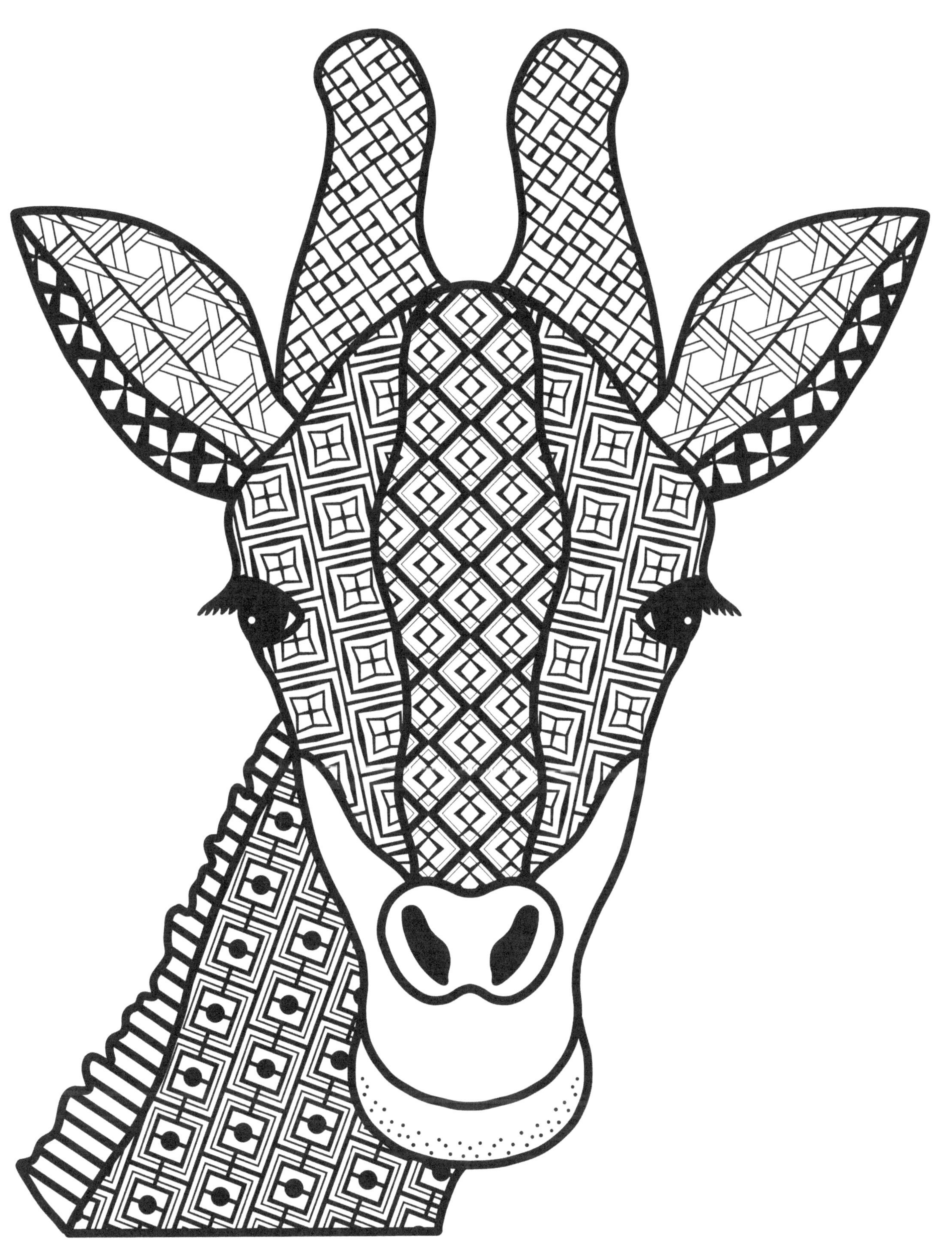

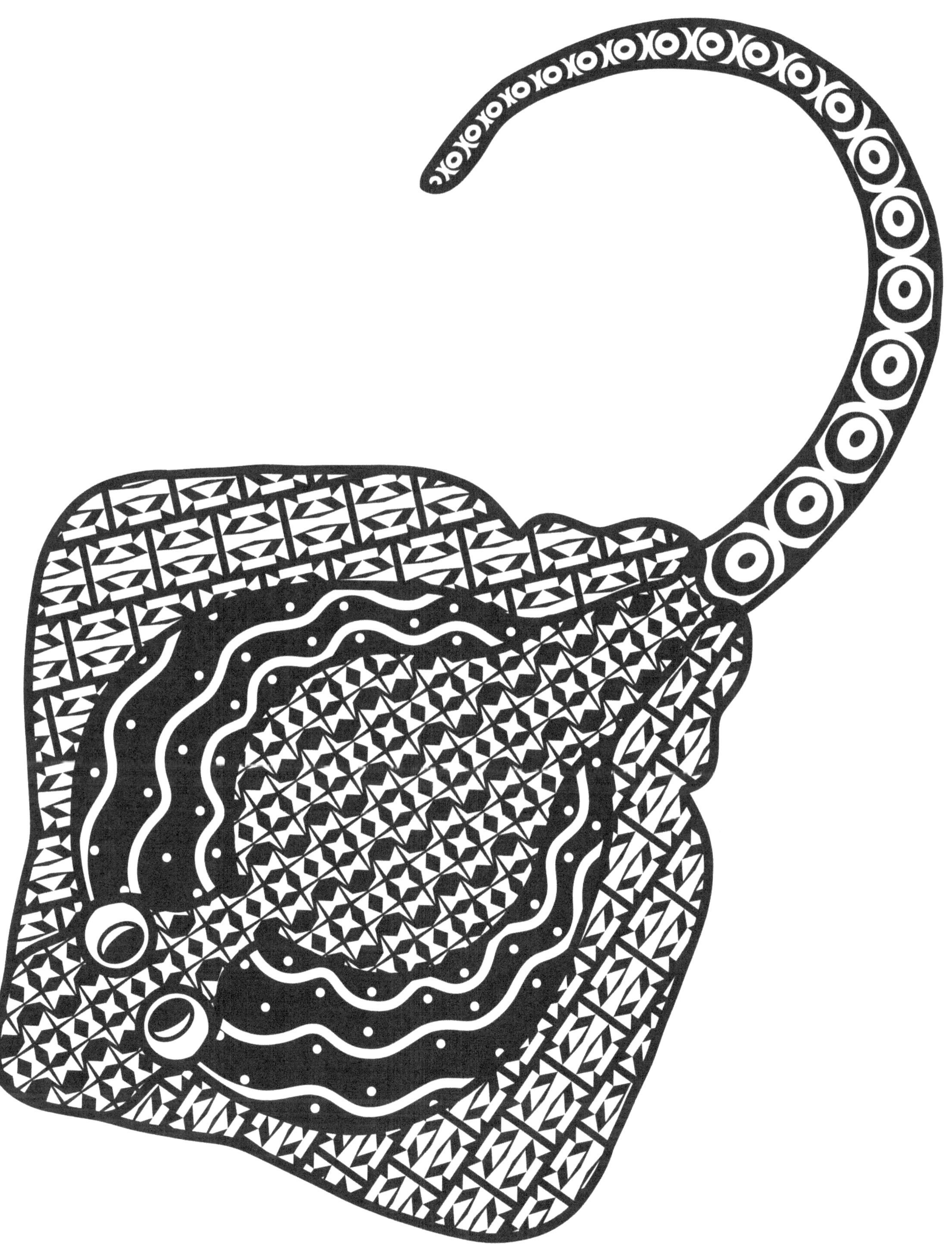

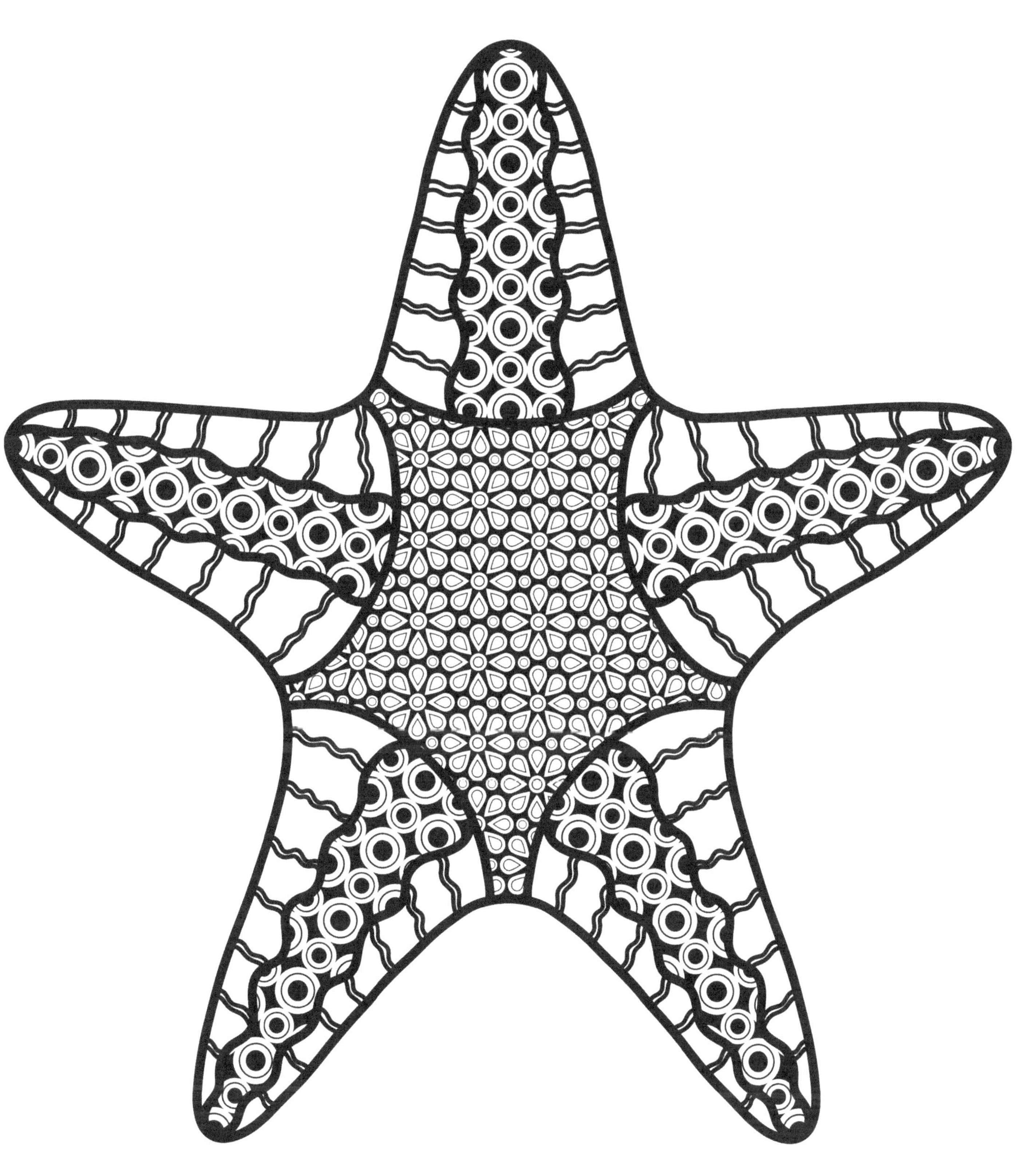

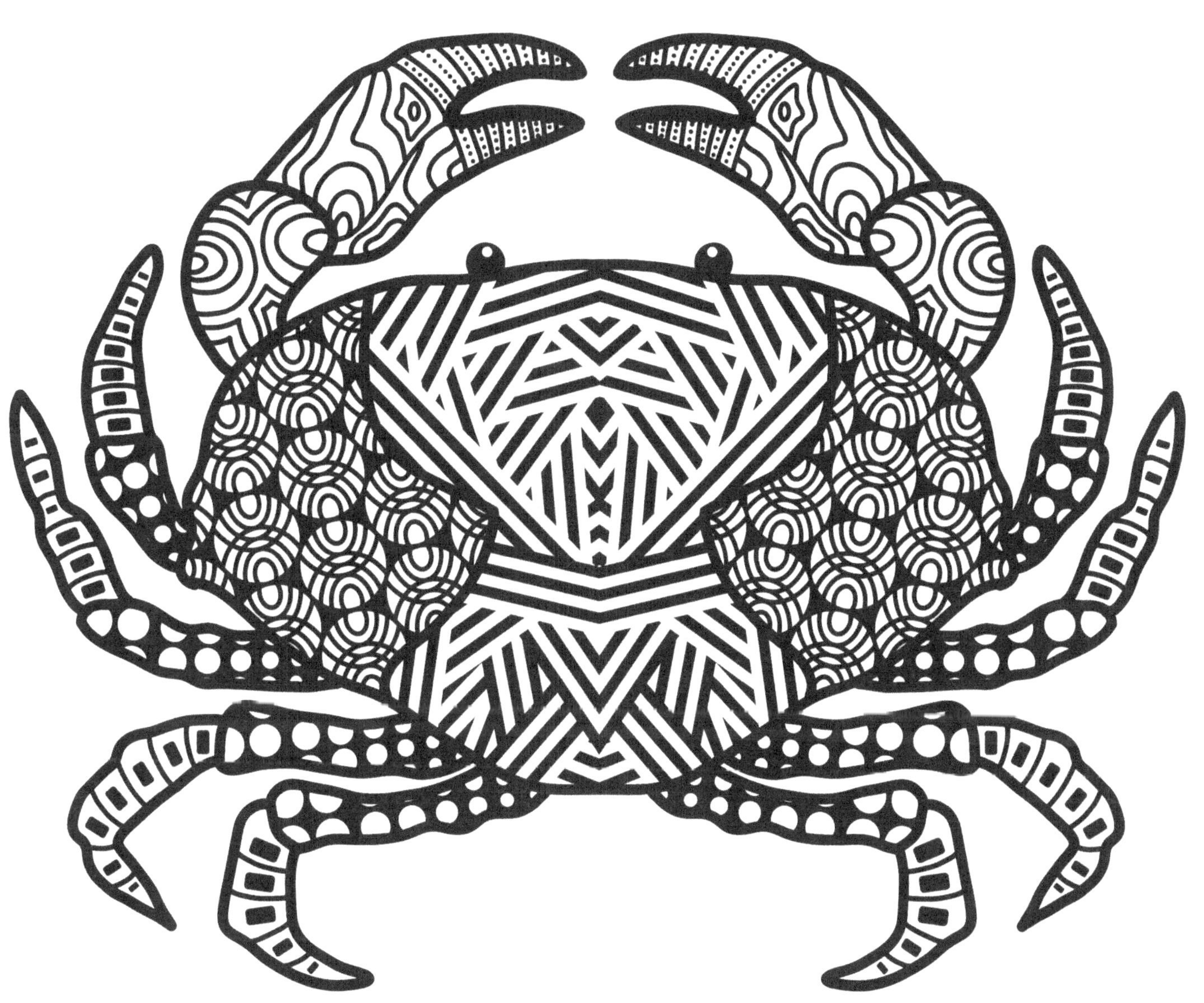

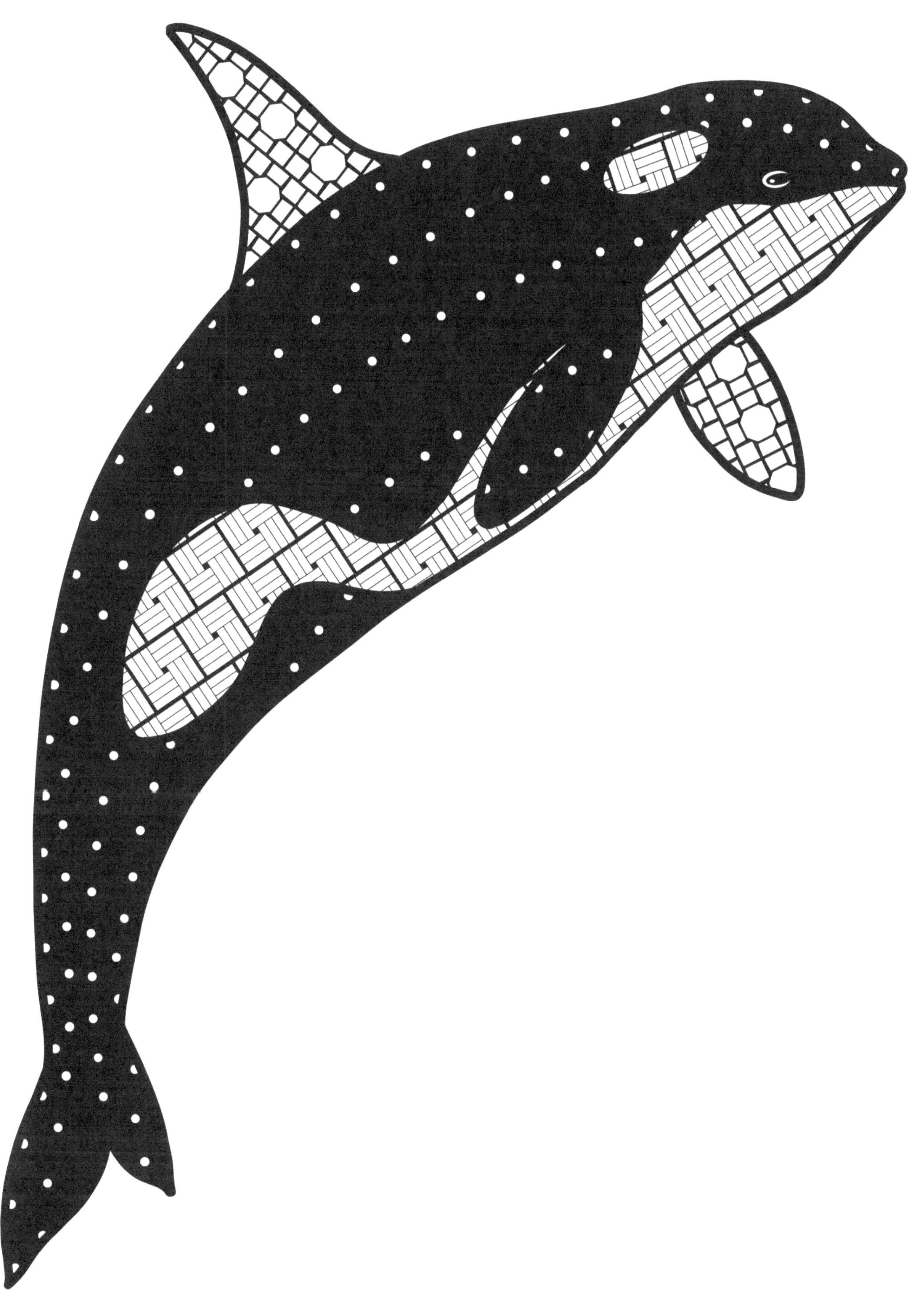

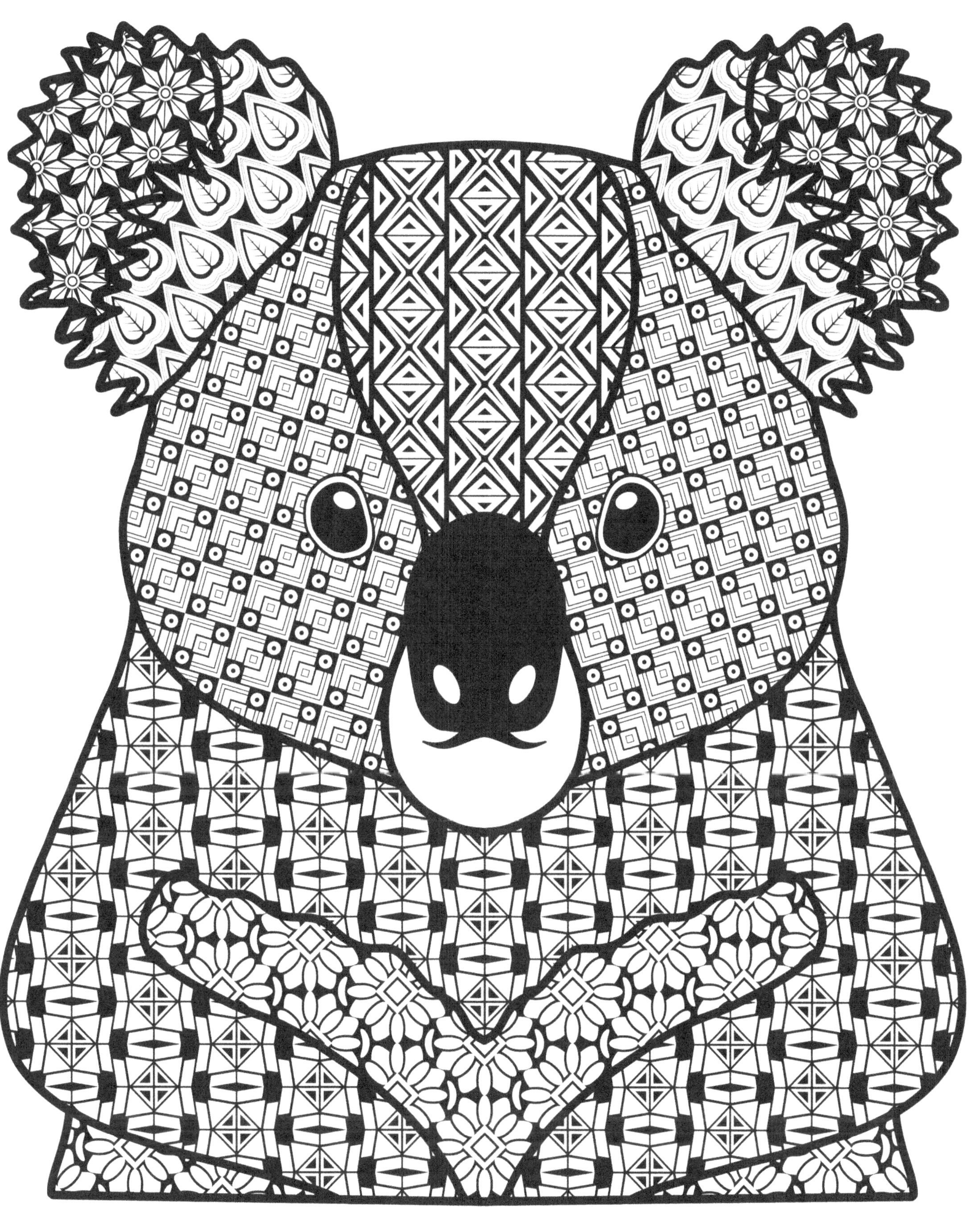

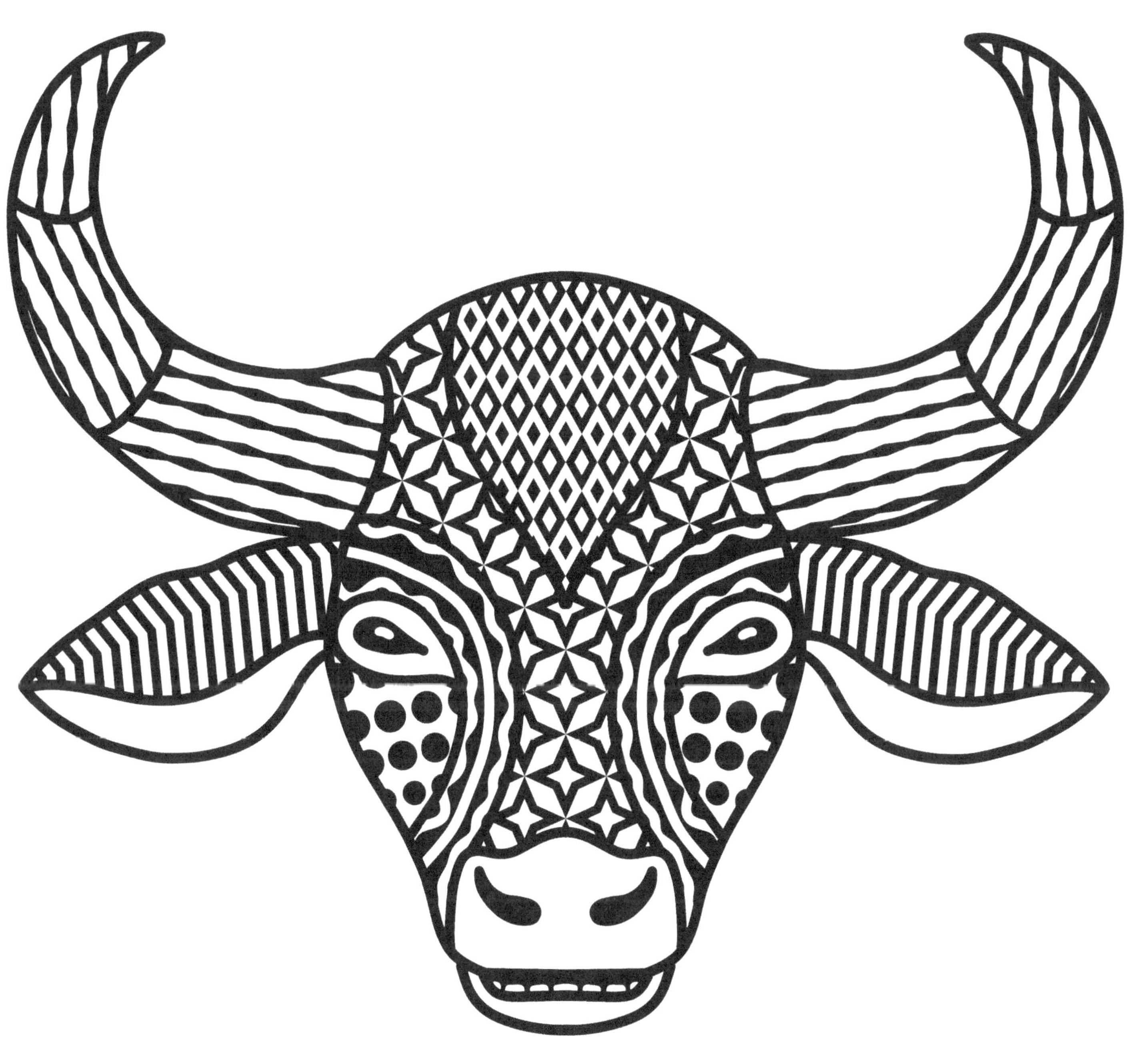

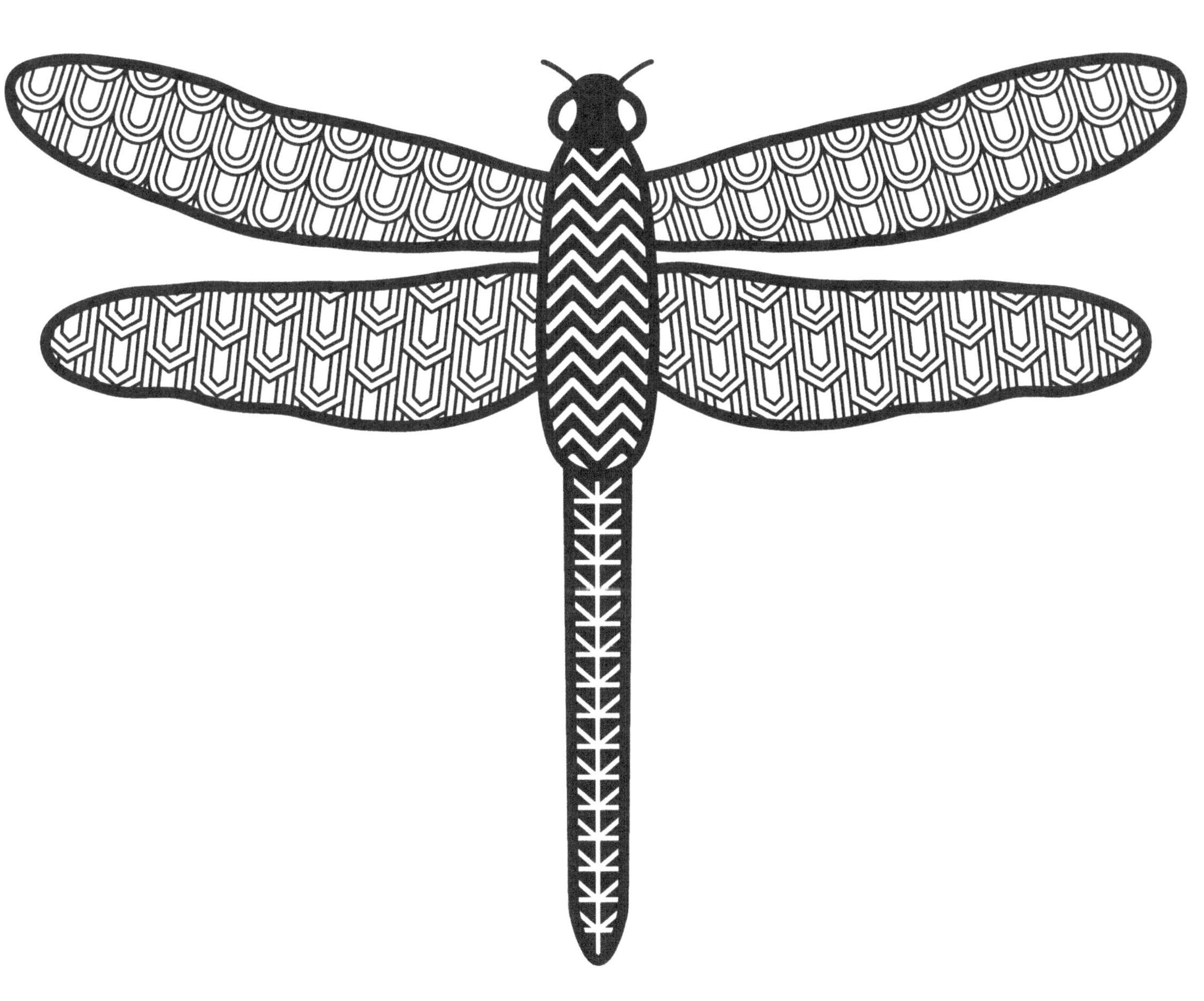

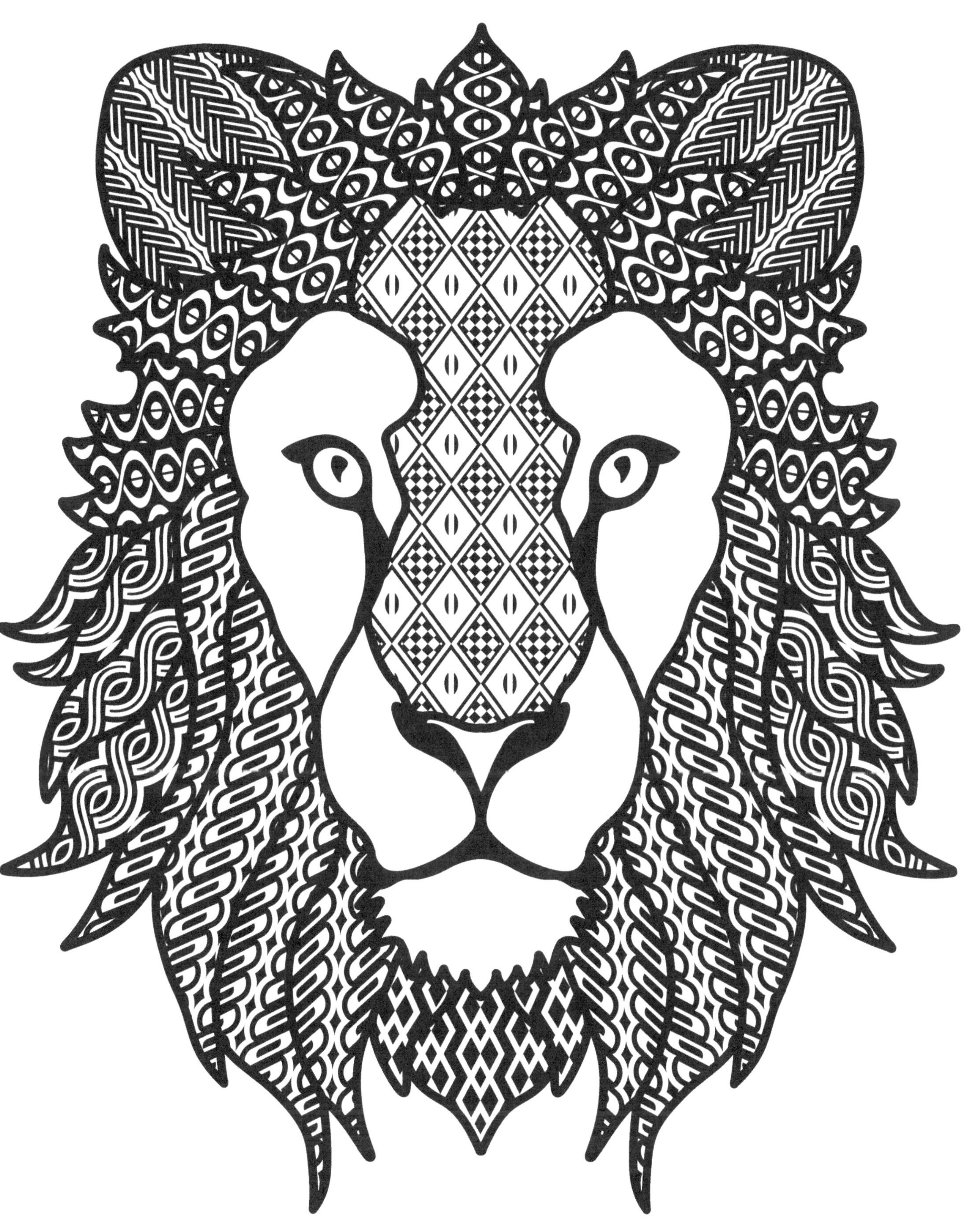

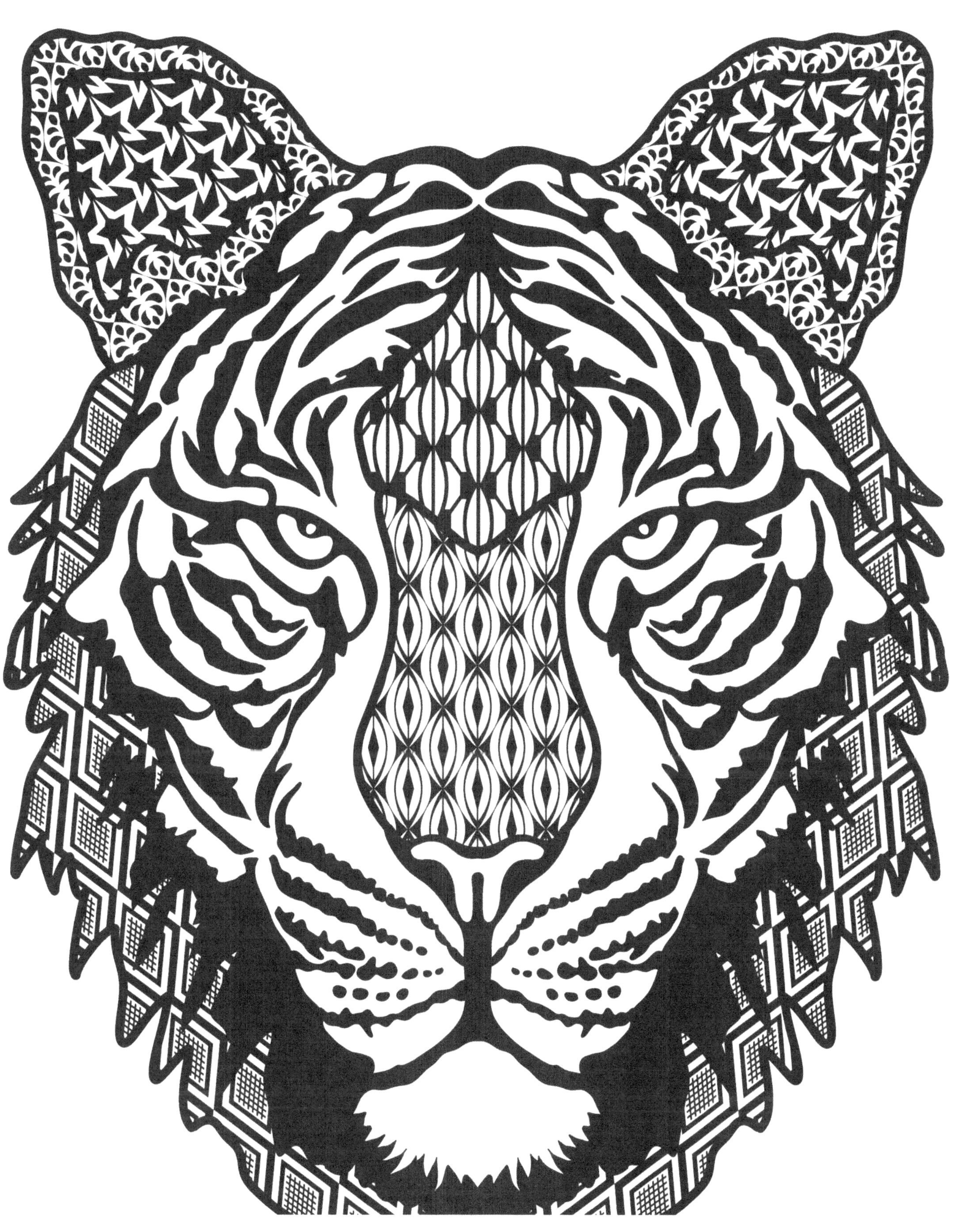

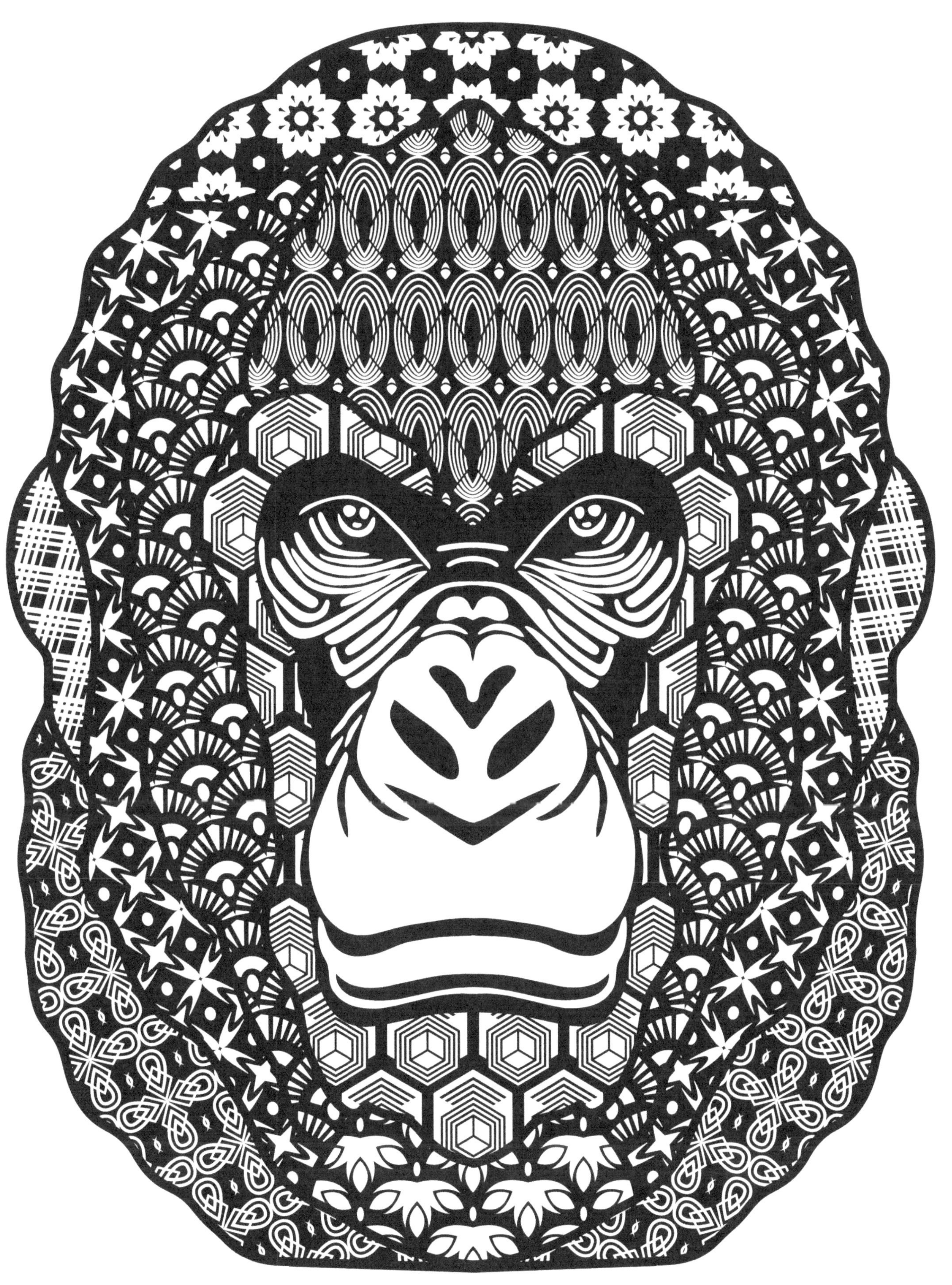

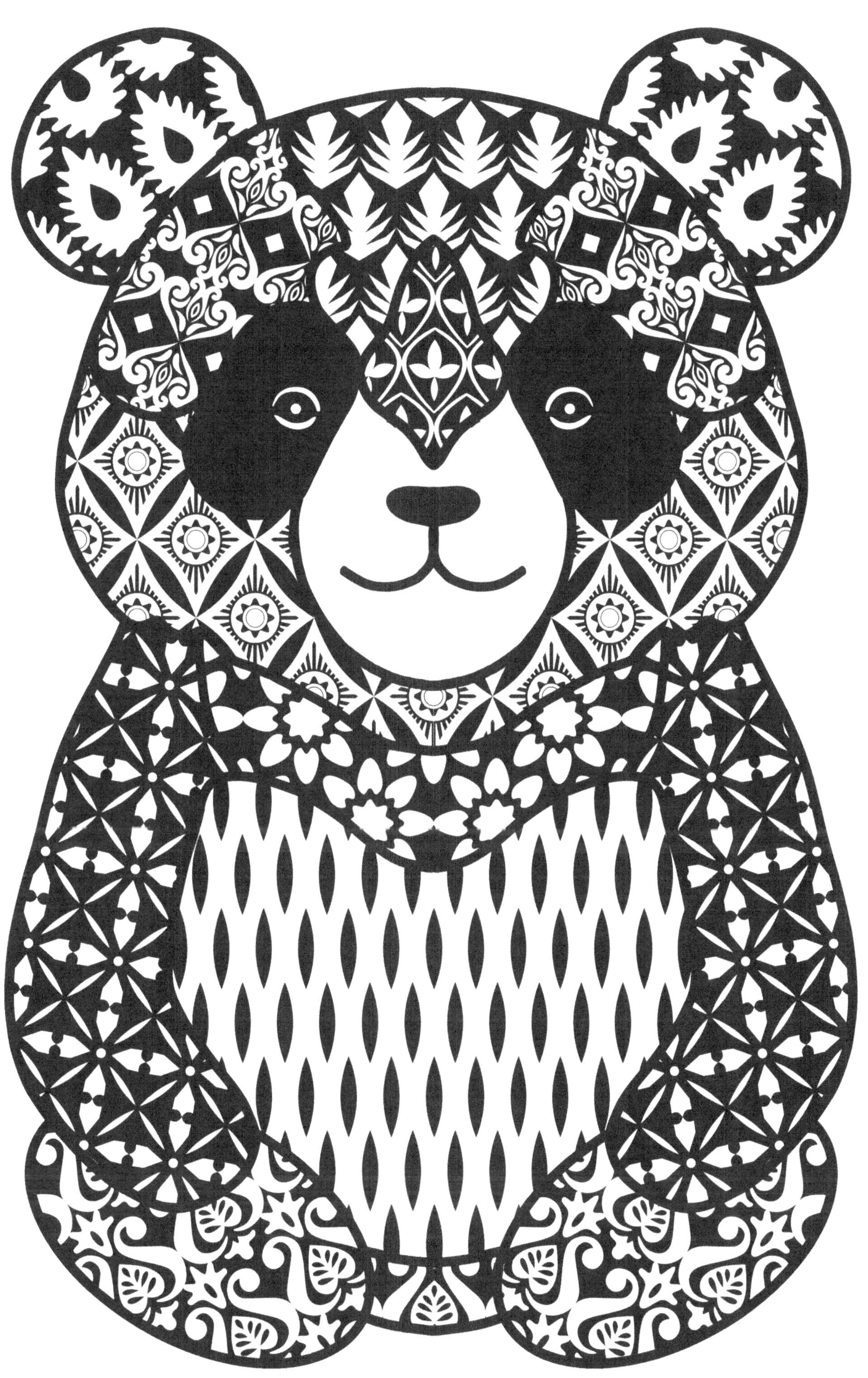